Bibliografische Information der Deutschen Nationalbibliothek
Die Deutsche Nationalbibliothek verzeichnet diese Publikation in der Deutschen Nationalbibliografie. Detaillierte bibliografische Daten sind im Internet über https://dnb.de abrufbar.

Für Fragen und Anregungen
info@m-vg.de

Wichtiger Hinweis
Ausschließlich zum Zweck der besseren Lesbarkeit wurde auf eine genderspezifische Schreibweise sowie eine Mehrfachbezeichnung verzichtet. Alle personenbezogenen Bezeichnungen sind somit geschlechtsneutral zu verstehen.

Die Originalausgabe erschien 2018
unter dem Titel 101 Essays That Will Change The Way
You Think bei Thought Catalog Books,
a division of The Thought & Expression Co.,
Williamsburg, Brooklyn.

Originalausgabe, 8. Auflage 2025, © 2023 by riva Verlag,
ein Imprint der Münchner Verlagsgruppe GmbH
Türkenstraße 89 | 80799 München | Tel.: 089 651285-0

Umschlaggestaltung und Layout: Isabella Dorsch
Satz: feschart print- und webdesign, Michaela Röhler, Leopoldshöhe
Druck: Longo AG, Italien
Printed in the EU

Weitere Informationen zum Verlag finden Sie unter
www.rivaverlag.de | www.m-vg.de

Der Weg zu einem glücklichen und erfüllten Leben verläuft selten geradeaus. Im Gegenteil – denn überraschenderweise führen uns Ängste, Probleme und Gewohnheiten, die wir am liebsten sofort aus unserem Leben verbannen würden, zum Glück. Denn wenn du diese »Probleme« als Chancen betrachtest, um ein tieferes Verständnis zu erlangen und eine bessere Lebensweise zu entwickeln, wirst du den Weg aus dem Labyrinth des Schmerzes finden und erfahren, was es heißt, gut und erfolgreich zu leben. Die Impulse in diesem Kartendeck begleiten dich auf diesem Weg, indem sie zeigen, wie du Denkfehler erkennst und mentale Muster durchbrichst.

Hier kommen
55 MÖGLICHKEITEN
für deinen Neubeginn!

Müssen **ANGST**
und **SCHMERZ**
zwangsläufig etwas
SCHLECHTES
sein?

Denkst du darüber nach, etwas zu tun, was du wirklich liebst und was dir sehr am Herzen liegt, wirst du vermutlich ein gewisses Maß an Angst und Schmerz empfinden, weil dein Engagement dich verletzlich macht. Lasse dich von negativen Gefühlen nicht abschrecken. Sie sind auch ein Hinweis darauf, dass du etwas tust, was lohnenswert ist, was dir jedoch gleichzeitig Angst macht. Wenn du etwas nicht tun willst, ist es dir gleichgültig. Angst ist also kein Zeichen dafür, dass wir den falschen Weg einschlagen, sondern ganz im Gegenteil den richtigen.

Lasse
NICHT *zu,*
dass **ANDERE**
über dein
DENKEN
entscheiden.

Aufgrund der sozialen Konditionierung und des ewigen menschlichen Gedankenkarussells kann es passieren, dass du von Gedanken, Überzeugungen und Denkweisen beeinflusst wirst, die eigentlich nie deine eigenen waren. Um dem entgegenzuwirken, mache regelmäßig eine Bestandsaufnahme deiner Überzeugungen: Denke über ihren Ursprung nach und entscheide dann, ob dir dieser Bezugsrahmen wirklich weiterhilft oder dir vielmehr im Weg steht.

10 DINGE, *die viel wichtiger sind als das* **AUSSEHEN** *deines* **KÖRPERS**

1. Wie freundlich du mit Menschen umgehst, die dir nicht nützen.
2. Das Wissen, dass die Bewertung deines Körpers durch andere ihn keinen Deut weniger wert macht.
3. Dass du deine Lieblingsspeise schmecken und dir diese so oft gönnen darfst, wie du willst.
4. Dass du schwimmen und laufen und weinen und schreien und tanzen und auf dem Wasser dahintreiben und dich schwerelos und frei fühlen kannst.
5. Dass dein Mund den Menschen, die du liebst, sagen kann, dass du sie liebst.
6. Dass du in der Lage bist, dich zu entwickeln und zu verändern.
7. Wie beharrlich du an dem festhältst, was du glaubst.
8. Wie hartnäckig du das verfolgst, wozu du dich am meisten berufen fühlst.
9. Wie aufrichtig du über dich selbst lachen kannst.
10. DASS DU PIZZA SCHMECKEN KANNST.

Zu **BEGINN** *sind wir alle* **FREMDE** *füreinander, doch wir vergessen, dass wir* **SELTEN ENTSCHEIDEN,** *wer auch am Ende wieder ein* **FREMDER** *für uns sein wird.*

Auch in deinem Leben gab es mit Sicherheit den einen oder anderen vertrauten Menschen, der – von einem Moment zum anderen oder in einem längerfristigen Prozess – zu einem Fremden wurde. Erinnere dich an diese Zeit. Nun versuche, diese Entfremdung in etwas Positives umzudeuten. Hast du zum Beispiel dadurch etwas Wichtiges über dich gelernt? Oder ergab sich für dich eine Möglichkeit, die dir sonst verwehrt geblieben wäre?

ANZEICHEN *dafür, dass du dich* BESSER SCHLÄGST, *als du glaubst*

#1

DU STELLST DICH SELBST INFRAGE.

DU ZWEIFELST AN DEINEM LEBEN.

DU FÜHLST DICH AN MANCHEN TAGEN ELEND.

Das bedeutet, dass du immer noch offen für Wachstum bist. Es bedeutet, dass du objektiv und selbstkritisch sein kannst. Die besten Menschen gehen am Ende des Tages nach Hause und denken: »Oder … vielleicht gibt es einen anderen Weg?«

Wie du **ÜBEN** *kannst, dich* **GUT** *zu* **FÜHLEN** *(und warum das* **NÖTIG** *ist)*

Jeder hat eine bestimmte Glückstoleranz – eine Obergrenze –. Es ist das Maß, indem du es dir erlaubst, dich gut zu fühlen. Setzt du deine Obergrenze herauf, verbesserst du dein Zufriedenheitsniveau und scheust dich letztlich nicht davor, es mit Neuem, Ungewohntem aufzunehmen. Dies ist unerlässlich für die Übung, die wie folgt geht: Nimm dir einen Moment Zeit, um im wahrsten Sinne des Wortes zu fühlen. Dehne den Rausch einfach ein paar Sekunden länger aus, meditiere über ein paar Dinge, für die du dankbar bist, und genieße diesen Zustand, so gut du kannst. Strebe nach dem Positiven, und du wirst feststellen, dass du es eher erleben wirst.

HART,
aber **WAHR:**
Alles ist
SCHWIERIG.

Es ist schwierig, in einer Beziehung zu sein, und schwierig, keine Beziehung zu haben. Es ist schwierig, in einem Job, den du liebst und der dir enorm wichtig ist, Leistung bringen zu müssen; es ist schwierig, in einem gewissen Alter noch immer nicht seine Träume zu leben. Alles ist schwierig. Es geht einfach nur darum, was deiner Meinung nach die Mühe wert ist.

WIE *du* *zur* **BESTEN VERSION** *deiner* **SELBST** *wirst.*

Der erste und wichtigste Schritt, die Person zu sein, die du werden solltest, ist der, dir dein Selbst vorzustellen. Sobald dir dies gelungen ist, fügt sich alles andere. Also überlege: Wie denkt dein bestes Selbst? Wofür ist es dankbar? Wen liebt es? An was glaubt es?

WAS *ich* *noch* SAGEN WOLLTE ...

Was würdest du sagen, wenn du jedem einzelnen Menschen auf dieser Welt nur eine Sache mitteilen könntest?

ANZEICHEN
dafür,
dass du dich
BESSER
SCHLÄGST,
als du glaubst

#2

DU HAST EIN ODER ZWEI WIRKLICH ENGE FREUNDE.

Wir machen uns gern Gedanken über die Quantität, erkennen jedoch schließlich, dass die Anzahl der Menschen, die wir zu unserer Wahlfamilie zählen können, keinen Einfluss darauf hat, in welchem Maß wir Intimität, Akzeptanz, Gemeinschaft oder Freude empfinden. Letztlich wünschen wir uns alle nur ein paar enge Freunde, die uns kennen (und uns, egal, was kommt, lieben).

Mach **DICH**
von der
ERWARTUNG
frei, **AUSSER-**
GEWÖHNLICH
sein zu müssen.

Außergewöhnliche Menschen sind genau eines: eine Seltenheit. Dies zu erkennen, heißt nicht, dass du dein Potenzial nicht ausschöpfst. Es heißt, dass du dich von deinen Illusionen darüber frei machst, was es bedeutet, ganz du selbst zu sein und das für dich beste Leben zu leben. Wir preisen die »Eins zu einer Milliarde«-Erfolgsstory an, als wäre sie der natürliche Endpunkt von harter Arbeit und Selbstverwirklichung. Das ist sie nicht. Die eigentliche Frage ist, welche Arbeit du zu tun bereit bist, selbst wenn niemand applaudiert. Was ist der Mühe wert, wenn es nicht anerkannt wird? Wie wirst du dich durch wenige Menschen geliebt fühlen, wenn du nicht von vielen anerkannt wirst? Das Außergewöhnliche im Normalen zu finden, ist das wirklich Außergewöhnliche.

Das mag
WEHTUN,
aber die
WAHRHEIT IST:
Du **KANNST**
nicht sein, was
IMMER *du*
WILLST.

Wenn du nicht den IQ eines Raumfahrtingenieurs hast, kannst du kein Raumfahrtingenieur werden. Wenn du nicht die Koordinationsfähigkeit eines Profitänzers besitzt, kannst du kein Profitänzer werden. Etwas unbedingt zu wollen, reicht nicht, um es auch zu bekommen. Du kannst nicht sein, was immer du willst, doch wenn du hart arbeitest, nicht aufgibst und zufällig in begünstigende Umstände hineingeboren wurdest, kannst du vielleicht etwas tun, was deine Fähigkeiten mit deinen Interessen verbindet. Und wenn du wirklich klug bist, wirst du herausfinden, wie du dafür dankbar sein kannst, selbst an schwierigen Tagen.

GLÜCKLICH-SEIN *lässt sich nicht* **HINAUS-SCHIEBEN** *oder sparen wie* **GELD** *auf einer Bank.*

Menschen schieben das Glücklichsein hinaus, um sich zu schützen. Sie suchen nach einem weiteren Problem, das sie lösen müssen, einem weiteren Hindernis, das es zu überwinden gilt, einem anderen Weg, bis sie spüren, dass das Glück bereits Teil ihres Lebens ist. Du kannst das Glück nicht aufsparen. Wenn du es nicht im Moment spürst, wirst du es verpassen. So einfach ist das. Glück geht vorüber. Die Frage ist nur, ob du es überhaupt je gespürt hast oder nicht.

Die KLEINEN WUNDER

- Der Geruch von Regen, wenn im Sommer die Fenster geöffnet sind
- Dein Lieblings-T-Shirt
- Songs, die du als Kind liebtest
- Dein Lieblingsessen, wenn du hungrig bist.

Nimm dir einen Augenblick Zeit und fertige eine Liste deiner ganz persönlichen kleinen Wunder an. Dinge, die dir ein Lächeln ins Gesicht zaubern. Momente, an die du immer wieder gerne zurückdenkst. Gedanken, aus denen du Kraft schöpfst. Du kannst diese Liste jederzeit erweitern, wenn dir ein neues kleines Wunder in den Sinn kommt.

Dein **LEBEN**
wird **NICHT**
IMMER *so*
BLEIBEN,
wie es gerade
IST.

Ob du dich gerade vollkommen verloren fühlst oder endlich dort angekommen zu sein scheinst, wo du dein Leben lang hinwolltest – sei dir immer der Tatsache bewusst, dass deine Gefühle, ob gut oder schlecht, vorübergehender Natur sind. So kannst du dich auf das Positive konzentrieren und das Negative leichter loslassen.

Es ist **OKAY**,
nicht **STÄNDIG GLÜCKLICH**
*zu sein. Es ist
sogar* **GESUND.**

Negative Gefühle sind gut für dich. In der Tat wäre es ein Zeichen für eine psychische Erkrankung, wenn du durchgängig nur »Glück« – oder irgendein anderes Gefühl – empfinden würdest. So sind unser Körper und unser Geist einfach nicht gestrickt. Mit anderen Worten: Du sollst nicht ständig glücklich sein. Höre darauf, was dein Körper dir sagt. Negative Gefühle sind ein Zeichen dafür, dass etwas nicht stimmt. Das Gefühl muss nicht korrigiert werden; die Sache, auf die es deine Aufmerksamkeit lenkt, schon.

ANZEICHEN *dafür, dass du dich* BESSER SCHLÄGST, *als du glaubst*

#3

DU BIST NICHT DIESELBE PERSON WIE VOR EINEM JAHR.

Du lernst und entwickelst dich, und du bist in der Lage, zu erkennen, inwiefern du dich zum Besseren oder Schlechteren verändert hast.

Du **FÜHLST** *dich mal* **NICHT WOHL** *in deinem* **KÖRPER?**

Dann denk daran, was dein Körper tun soll: lachen und spielen und springen und umarmen und lieben. Das funktioniert? Dann ist dein Körper perfekt!

VERSUCHE *nicht,*
dich im **WALD**
zurechtzufinden,
SOLANGE *es dort*
DUNKEL *ist.*

Du wirst am ehesten das Bedürfnis verspüren, etwas in deinem Leben zu ändern, wenn deine Gefühle übermächtig sind, doch das ist der schlechteste Zeitpunkt. Entscheide nichts, wenn du verärgert bist. Beruhige dich zunächst.

Dich
AUSSCHLIESS-
LICH *auf*
deine eigenen
BEDÜRFNISSE
zu konzentrieren
ist nicht das
GEHEIMNIS
zum **GLÜCK.**

Entgegen dem, was viele Internetbeiträge uns glauben machen möchten, ist die Erfüllung unserer Bedürfnisse nur ein Vorbote des Glücks. Sie ist die Grundlage. Sie ist wichtig, doch sie schafft nicht die für uns Menschen so wichtige Verbundenheit. Sich für die Menschen, die du liebst, und die Dinge, an die du glaubst, einzusetzen, Opfer zu bringen und die Flinte nicht ins Korn zu werfen, ist das, was das Leben lebenswert erscheinen lässt. Die eigenen Bedürfnisse zu erfüllen, ist der erste Schritt, nicht das oberste Ziel. In diesem Sinne: Überlege, was du zuletzt ausschließlich für jemand anderen getan hast? Wie hat sich das angefühlt?

Atme

EIN,

atme

AUS

Übe, zu atmen. Das mag ermüdend klingen, wenn du bereits versucht hast, das tiefe Atmen zu lernen, und es nicht funktioniert hat. Doch die tiefe Atmung gehört tatsächlich zu den effektivsten rezeptfreien Lösungen, wenn du kurz davor bist, auszuflippen. Im Internet findest du zahlreiche Übungen für die richtige Atemtechnik.

TUE *etwas*
UNERWARTETES.

Buche eine Reise, gehe mit jemandem aus, der nicht zu dir passt, lasse dir ein Tattoo stechen, suche nach einem neuen Job in einem Bereich, von dem du glaubtest, dass er dir nicht gefallen würde. Zeige dir, dass du nicht weißt, was du über dein Leben oder dich selbst nicht weißt. Nicht vollends. Noch nicht.

ALLES *ist da,*
um **DIR**
zu **HELFEN.**

Du siehst dich entweder als Opfer der Geschehnisse oder als jemand, der die Möglichkeit erhält, sich zu ändern, zu wachsen, andere Sichtweisen zuzulassen und sich zu entwickeln. Du betrachtest unangenehme Gefühle entweder als Leid, mit dem du fertigwerden musst, oder als Signal, dass du etwas lernen musst. Du siehst die Welt entweder als etwas, das Gefühle in dir auslöst, oder du siehst deine Interpretation der Welt als eine Projektion deiner Gefühle an. Wenn du glaubst, dass dein Schmerz einen Sinn hat, löst sich das Unbehagen darüber auf. Du fühlst dich nicht länger beeinträchtigt, sondern begreifst den Schmerz als Chance.

MANTRAS,
die dich daran
ERINNERN
werden, dass
dein **LEBEN** *in*
diesem **MOMENT**
stattfindet

1. Alles, was existiert, ist das, was ich vor mir habe.
2. Schritt für Schritt.
3. Alles, was wir haben, ist das Jetzt.
4. Beginne, wo du bist,
   nutze, was du hast,
   tue, was du kannst.
5. Sei da, wo deine Füße sind.
6. Ich bin hier.

WARTE NICHT
darauf, dich
MOTIVIERT
oder **INSPIRIERT**
zu fühlen, bevor du
HANDELST.

Verlierer warten darauf, sich motiviert zu fühlen. Menschen, die nie etwas zustande bringen, wollen sich inspiriert fühlen. Motivation und Inspiration sind keine dauerhaften Kräfte. Sie tauchen hin und wieder auf, und es ist schön, wenn sie da sind, aber du kannst nicht erwarten, dass du sie zu jeder beliebigen Tageszeit abrufen kannst. Du musst lernen, ohne sie zu arbeiten und Kraft durch deine Zielsetzung, nicht durch Leidenschaft zu gewinnen.

NIMM *es nicht*
als **GEGEBEN** *an,*
dass du **ZEIT** *hast.*

Wenn es darum geht, zu tun, was dir wirklich wichtig ist – die Verbindung zu deiner Familie wiederherzustellen, ein Buch zu schreiben, einen neuen Job zu finden –, dann denke nicht: »Ich bin erst [so und so alt], ich habe noch viel Zeit.« Gehst du davon aus, dass du »Zeit hast«, etwas zu tun, oder dass du es später tun wirst, willst du es wahrscheinlich nicht so sehr, wie du glaubst. Du weißt nicht, ob du noch Zeit hast. Du könntest morgen tot sein. Das heißt nicht, dass du alles heute erledigen musst, es heißt aber, dass es selten eine Entschuldigung dafür gibt, nicht anzufangen.

ANZEICHEN *dafür, dass du dich* BESSER SCHLÄGST, *als du glaubst*

#4

DU HAST EINEN RAUM FÜR DICH.

Es muss kein Haus und auch keine Wohnung sein (auch wenn es großartig ist, eines von beidem zu haben). Du brauchst nur ein Zimmer, eine Ecke, einen Schreibtisch, um nach Belieben etwas kreieren oder dich ausruhen zu können. Einen Raum, wo du bestimmst, wer Teil deiner seltsamen kleinen Welt wird, und auch, in welcher Eigenschaft. Dies gehört zu den wenigen Dingen, über die wir tatsächlich die Kontrolle haben.

Stelle
ALLES
infrage.

Erkenne, dass nicht alles so ist, wie es scheint, oder dass das, was man dich in Bezug auf eine Sache zu glauben gelehrt hat, nicht unbedingt die richtige Art zu denken ist. Erforsche neue philosophische, spirituelle und politische Ideen und stelle fest, dass du nicht wusstest, was du nicht wusstest. Das wird anfangs nicht leicht sein, es wird unangenehm sein. Aber es wird letztendlich ein emotionaler Durchbruch für dich sein.

REISE *in die* VERGANGEN-HEIT

Was würdest du sagen, wenn du deinem jüngeren Ich nur eine Sache mitteilen könntest?

Sei **WÜTEND.**
Grundlos.

Wut ist eine gute Emotion; das heißt, wenn du endlich herausfindest, dass du nicht wütend auf die Welt, sondern wütend auf dich selbst bist. Gewöhnlich geschieht das unmittelbar bevor ein Wandel vollzogen wird. Die jüngeren Geschwister der Wut – Unzufriedenheit, Verstimmung, Irritation, Selbstmitleid – sind unangenehm, aber nicht verstörend genug, um dich zum Handeln zu bewegen. Wut lässt dich handeln. Sie brennt in dir und treibt dich dazu an, neue Wege einzuschlagen.

FRAGEN, *die dir* **ZEIGEN,** *wer du* **BIST** *(und was du* **TUN** *solltest)*

1. Für was und wen lohnt es sich, zu leiden?
2. Wofür würdest du stehen, wenn du wüsstest, dass niemand über dich urteilen würde?
3. Was würdest du tun, wenn du wüsstest, dass niemand über dich urteilen würde?
4. Ausgehend von deiner Alltagsroutine, wo wirst du in fünf Jahren sein? In zehn? Zwanzig?
5. Wen bewunderst du am meisten und warum?
6. Was soll niemand anderer über dich wissen?
7. Welches sind deine größten bisherigen Leistungen?
8. Wenn jemand dir erzählen würde, was als Nächstes in deinem Leben geschieht, was wäre dann zu schön, um es glauben zu können?
9. Wenn du an die Menschen aus deiner Vergangenheit denkst: Wessen Respekt versuchst du dir nach wie vor zu verdienen?
10. Wenn du nicht mehr arbeiten müsstest, was würdest du dann mit deiner Zeit anfangen?

GIB AUF,
was du
AUFGEBEN
musst.

Du gibst nicht deine Träume auf. Du gibst nicht deine Beziehung auf. Du gibst einfach nur die Vorstellung auf, dass diese Dinge mehr sein werden, als sie tatsächlich sind. Du gibst auf, was nicht richtig für dich ist. Du lernst, dass »aufgeben« ein sehr negativer Begriff für etwas ist, das zu tun in manchen Fällen wirklich gesund ist.

WIE DU *dir keine*
GEDANKEN
mehr machst,
wie dein **LEBEN**
AUSSIEHT,
und dich endlich
DARAUF
KONZENTRIERST,
wie es sich anfühlt

Frage dich, was du tun würdest, wenn es die sozialen Medien nicht gäbe. Was würdest du an diesem Samstag tun, was würdest du heute Abend tun? Wie würden deine Berufsziele aussehen, und wie viele Fotos würdest du tatsächlich machen? Mit wem würdest du Zeit verbringen, und wo würdest du leben, wenn du dich nicht insgeheim dadurch kontrollieren würdest, dass du dich durch die Brille anderer Menschen betrachtest? Und frage dich: »Wenn die ganze Welt blind wäre, wie viele Menschen würde ich dann beeindrucken?« Stelle dir wirklich ein Leben vor, in dem du nichts sehen könntest. Ein Leben, in dem nur das eine existierte: wie du dich fühlst und welches Gefühl du anderen vermittelst. Welche Art von Person bist du in dieser Welt?

Du **WILLST** *nicht,*
WAS DU *willst.*
Du willst, was du
KENNST.

Wir sind buchstäblich nicht dazu in der Lage, ein Ergebnis vorherzusagen, das außerhalb dessen liegt, was wir bereits kennen. Statt also nach etwas »Besserem« zu suchen, suchen wir nach »dem Besten von dem, was wir kennen«, selbst wenn »das Beste« einfach nur die Lösung für ein Problem ist, das wir überflüssigerweise schon wieder verursacht haben.

WARUM *du den*
MENSCHEN,
die dich im **LEBEN**
am meisten
VERLETZT
haben, **DANKEN**
SOLLTEST

Sie haben dir nicht wirklich wehgetan, sondern dir einen ungeheilten Teil deines Selbst gezeigt, einen Teil, der verhinderte, dass du voll und ganz geliebt wurdest. Wenn du schmerzliche Erfahrungen und furchtbare Beziehungen schließlich hinter dir lässt, geschieht Folgendes: Du erkennst, dass du mehr wert bist, und bist entsprechend wählerischer. Du erkennst, dass du blind und naiv zu jemandem »Ja« gesagt oder ihm deine Seele und den Platz in deinem Herzen gegeben hast, obwohl du es nicht musstest. Du erkennst, dass es an dir ist, zu entscheiden, was du in deinem Leben willst. Und das scheinbar Schlimmste zu erleben, bringt dich dazu, dir endlich einzugestehen, dass es sich so falsch anfühlt, weil du sehr viel mehr verdienst.

Der **VERSUCH,**
den Sinn **DEINES**
LEBENS *zu*
verstehen, ist das,
was **DICH** *in*
WIRKLICHKEIT
ausbremst.

Du solltest versuchen, deine Gefühle zu verstehen. Du solltest deinen Gedankengängen nachspüren, den Ursprung deiner ureigensten Überzeugungen finden und sicherstellen, dass diese tatsächlich deine sind. Du solltest Listen der Dinge erstellen, die du wertschätzt und nicht wertschätzt, dich fragen, was dir deinem Gefühl nach am meisten fehlt, und dir dann anschauen, wie wenig Beachtung du ihm beimisst. Aber du solltest aufhören, den Sinn deines Lebens verstehen zu wollen. Denn dies zu tun, bedeutet, dass du den Entwicklungspfad verstehen willst, als würde er dich kontrollieren und nicht umgekehrt. Dies zu tun, bedeutet, das Leben der Person zu führen, die du warst.

Was **HASST** *du an* **ANDEREN** *Menschen?*

Schreibe es auf. Es zeigt dir, was du in deinem Leben ändern musst. Erkenne, dass es sich oft nicht um ein oberflächliches Problem handelt. Du hasst deine Nachbarin nicht, weil sie dich ständig beim Mittagessen stört und du selbst es insgeheim bei anderen genauso machst. Du hasst sie, weil ihr Verhalten darauf schließen lässt, dass sie sich verzweifelt nach Liebe sehnt und du dies ebenfalls tust, dem aber entgegensteuerst, weil du es für peinlich hältst. Deine Liste verrät dir, was in deinem Leben schiefläuft. Nur wenn du das Problem vollständig verstehst, so kennst du auch die Lösung. Wenn du nicht weißt, was du tun sollst, weißt du auch nicht, was schiefläuft. Und du weißt aus dem Grund nicht, was schiefläuft, weil sich etwas in dir dagegen wehrt, es zu sehen.

HABE
KEINE *Angst,*
ALLEINE
zu sein.

Alleinsein ermöglicht dir ein anderes Erleben. Wenn du nicht mit anderen Menschen zusammen bist, in deren Gegenwart du deine Reaktionen kontrollieren und deine Worte weise wählen musst, kannst du einfach du selbst sein. Das ist der Grund, warum das Alleinsein so entspannend ist und warum du es dir um deiner emotionalen Gesundheit willen oft gönnen solltest. Wenn niemand da ist, auf den du deine Gefühle abstimmen musst, kannst du sie uneingeschränkt erleben.

ANZEICHEN *dafür, dass du dich* BESSER SCHLÄGST, *als du glaubst*

#5

ES GIBT ETWAS, WOFÜR DU DICH INTERESSIERST.

Egal, ob es darum geht, wie du ein glücklicheres Leben oder bessere Beziehungen haben kannst, und egal, ob es sich ums Lesen, um Filme, Sex, die Gesellschaft oder die Achse handelt, um die sich die Welt dreht, etwas fasziniert dich so, dass du es erforschen möchtest.

Jede

ERFAHRUNG

ist es **WERT,**

erfahren zu

WERDEN.

Die Frage ist nicht, was es dir bringt, etwas getan zu haben, sondern wer du dadurch geworden bist. Letzten Endes geht es immer um Wachstum. Die schlechten Dinge fördern deine Entwicklung und die guten ebenfalls. (Und in Wirklichkeit ist »schlecht« nur das, was – entsprechend dem, was man dich lehrt oder du inzwischen glaubst – nicht »richtig« ist.) Es geht nicht darum, wie viel du richtig machst, sondern darum, wie viel besser du wirst, und jede Erfahrung – ob gut, schlecht, schrecklich, wunderbar, verwirrend, chaotisch, großartig – bewirkt genau das.

ERFAHRUNGEN,
für die wir
in **UNSERER**
SPRACHE *noch*
keine **WÖRTER**
haben

1. Das Zusammenspiel von Licht und Blättern, wenn die Sonne durch die Bäume scheint.
2. Das Gefühl, deine Haut auf der von jemand anderem zu spüren.
3. Etwas ein Dutzend Mal zu hören und erst dann zu verstehen, was es bedeutet, wenn es die Antwort auf eines deiner Probleme ist.
4. Das Gefühl absoluten Friedens, unmittelbar bevor du einschläfst.
5. Die Liebe, von der du weißt, dass sie ein Verfallsdatum hat.
6. Die Liebe, von der du weißt, dass du letzten Endes für sie »ausersehen« bist.
7. Den Abstand zwischen Regentropfen.
8. Das Gefühl, ein Gefühl zu spüren.
9. Eine Person oder eine Sache, die sich auch wie ein »Zuhause« anfühlt (ein nicht wohnungsbezogenes Zuhause).
10. Den Gedanken, dass »alles so ist, wie es sein sollte«.

10 MENSCHEN *über die* **BEFREIENDSTE** *Erkenntnis, die sie* **JE HATTEN**

1. »Ich kann mir aussuchen, worüber ich nachdenke.«
2. »Ich schulde niemandem eine Entschuldigung dafür, dass ich anderer Meinung bin.«
3. »Ich brauche nichts zu akzeptieren. Ich muss nicht alles ändern.«
4. »Ich bin ein wertvoller Mensch. Ich verdiene Glück. Ich verdiene einen freundlichen Umgang mit mir selbst. Ich verdiene Liebe.«
5. »Ich muss die Probleme anderer Leute nicht als meine eigenen annehmen, um ihnen zu helfen.«
6. »Mich trennt immer nur eine Entscheidung davon, alles zu ändern.«
7. »Glaube, Hoffnung und Liebe verlassen einen nicht, selbst wenn man sie aufgegeben hat.«
8. »Freiheit ist eine innere Haltung.«
9. »Man erinnert sich nicht an Jahre, man erinnert sich an Momente.«
10. »Auch dies geht vorüber.«

Du **BIST** *nicht*
BERÜHMT –
also mach **DICH**
LOCKER.

Es gibt sicherlich einen Zusammenhang zwischen dem sogenannten Rampenlicht-Effekt und den sozialen Medien, aber trotzdem denkt niemand genauso über dich nach wie du selbst, und auch nicht annähernd so viel. Niemand kümmert sich darum, ob du zum Einkaufen ein wenig schmeichelhaftes Oberteil trägst. Eigentlich interessiert sich niemand dafür, was du mit deinem Leben anstellst, also hör auf, bei deinen Entscheidungen so zu tun, als ob dies der Fall wäre.

Wofür die **JAHRE** *zwischen* **20** *und* **30** **ZU KURZ** *sind*

1. Sich einreden lassen, man sei unfähig, weil man jung ist.
2. Mit Leuten streiten, die gar nicht auf Verständnis aus sind, sondern nur beweisen wollen, dass sie recht haben.
3. Energie an Menschen verschwenden, die nicht selbst die Initiative ergreifen, um ihren Scheiß auf die Reihe zu bekommen.
4. An einer längst erloschenen Liebe festhalten, weil du befürchtest, dass dir das Beste bereits durch die Lappen gegangen ist oder dass du niemanden finden wirst, der dir die gleichen Gefühle vermittelt.
5. Sich nicht die Zeit nehmen, um die Wunden aus der Kindheit zu heilen.
6. Die wichtigsten Dinge aufschieben, bis es »besser passt«.
7. Nicht mit seinem Aussehen experimentieren, weil man Angst hat, dass eine einzige Veränderung einen im Ganzen definieren könnte.
8. Nicht um vier Uhr morgens Pizza zu bestellen.

Bei **LIEBE, ERFOLG** *und* **GLÜCK** *handelt es sich nicht um* **ENDLICHE RESSOURCEN.** *Das Glück eines* **ANDEREN RAUBT** *dir nicht das eigene.*

Diese Vorstellung wird den meisten Menschen schon in der Grundschule vermittelt: Wir sehen, dass manche beliebt sind und andere nicht. Manche dürfen glücklich sein, andere nicht. Damit beginnt oft ein lebenslanger Wettbewerb, der nur in unseren Köpfen existiert. Der Erfolg eines anderen macht dich nicht weniger erfolgreich. Wenn jemand anderes Liebe oder Lob erhält, heißt das nicht, dass du nicht liebens- oder lobenswert bist. Wie gut du bist, misst sich nicht daran, inwieweit du andere übertrumpfst.

Je
ZUFRIEDENER
du selbst mit einer
ENTSCHEIDUNG
bist, desto
WENIGER
brauchen es andere
zu **SEIN.**

Je glücklicher du mit dem bist, was du tust, desto weniger benötigst du die Unterstützung anderer. Ironischerweise wirst du gerade dadurch, dass du mit deinem Tun zufrieden bist, auch die Unterstützung finden, nach der du gesucht hast, bevor du wusstest, wie du dir diese selbst verschaffst.

ALLES, *was in deinem* **LEBEN EXISTIERT,** *existiert, weil du es* **ERSCHAFFEN** *hast. Alles, was* **FORTBESTEHT,** *ist da,* **WEIL DU** *es* **FÜTTERST.**

Überlege einmal: Jede deiner Handlungen speist etwas in dir. Sie füttert dein Verlangen nach Kontrolle, deine Liebe zu deinem Job, deine Boshaftigkeit gegenüber deiner Schwester, deine Gleichgültigkeit gegenüber deiner Ehe. Jede Handlung baut und verstärkt bereits Vorhandenes. Frage dich in diesem Sinne, was du jeden Tag fütterst ... Du wirst sehen, dass du dein Leben dadurch besser verstehst.

ENTRÜMPLE *deinen* GEIST.

Schreibe einfach all die seltsamen Gedanken auf, die dir fortwährend im Kopf herumgeistern, oder die kleinen unzusammenhängenden Gedankenfetzen, die deinen Geist blockieren. Sie loszuwerden, wird eine Erleichterung für dich sein.

ANZEICHEN *dafür, dass du dich* BESSER SCHLÄGST, *als du glaubst* #6

DU HAST EINIGES DURCHGEMACHT.

Du kannst die aktuellen Herausforderungen betrachten und sie mit jenen vergleichen, von denen du dachtest, du würdest sie nie meistern. Du kannst dir selbst aufgrund deiner eigenen Erfahrungen Mut machen. Das Leben ist nicht leichter geworden; du bist schlauer geworden.

Deine **SEELE WEISS**, *was zur* **SELBST-HEILUNG** *zu tun ist; die* **HERAUS-FORDERUNG** *besteht nur darin, es ihr zu* **ERLAUBEN.**

Psychische und emotionale Heilung erfolgt meist dadurch, dass man das Problem zunächst vollständig angeht. Du wirst beobachten, dass du im Laufe deines Lebens immer wieder Situationen herbeiführst, die dich geradezu zu der Auseinandersetzung mit einem langwierigen Problem zwingen. Das liegt nicht unbedingt daran, dass du dich quälen willst, sondern daran, dass du es anpacken und in dein Bewusstsein zurückholen willst, um dich damit auseinanderzusetzen und es loszulassen. Vertraue auf dein Innerstes. Es weiß mehr als dein physischer Verstand.

5 FRAGEN, *die du dir* **STELLEN SOLLTEST**, *wenn du nicht weißt,* **WAS** *als* **NÄCHSTES** *in deinem* **LEBEN** *dran ist*

1. Angenommen, du würdest das Leben deiner Träume führen, wie würde es morgen aussehen?
2. Wenn du gestern gestorben wärst, was würdest du am meisten bedauern?
3. Wenn niemand wüsste, was du mit dem Rest deines Lebens angefangen hast, was würdest du tun?
4. Wenn du fünf Dinge wählen könntest, die dir am wichtigsten sind, welche wären das?
5. Womit hast du im Moment am meisten zu kämpfen?

10 *weitere* **DINGE,** *die viel* **WICHTIGER** *sind als das Aussehen deines* **KÖRPERS**

1. Wie oft du dir Zeit für die Dinge nimmst, die du tun möchtest, anstatt für die, die von dir erwartet werden.
2. Dass du die Möglichkeit hast, deine Lieblingsmusik zu hören.
3. Die aufrichtige Einsicht, dass deine Gesundheit in den meisten Fällen nicht mit deinem Aussehen gleichzusetzen ist.
4. Dass du deinen Körper für Sex gebrauchst: für guten, einvernehmlichen, wilden Sex, wann du willst, mit wem du willst.
5. Dass du weißt, was du sagen musst, wenn deine Lieben besonders leiden und Worte des Trostes brauchen.
6. Dass du weißt, wann du die Klappe halten und einfach für sie da sein musst.
7. Dass du selbst Geld verdienst und es so ausgibst, wie du es für richtig hältst.
8. Dass du die Liebe willkommen heißt, egal, wie furchterregend sie ist.
9. Dass du aufhörst, dich dafür zu entschuldigen, dass du mit deinem Körper machst, was du willst.
10. Wie es dir mit deinem Körper geht.

SAG *ab,*
wenn dir
DANACH *ist.*

Gehe nicht nur deswegen irgendwohin, weil du dich verpflichtet oder unter Druck gesetzt fühlst. Erteile Menschen, die du nicht sehen möchtest, und Dingen, auf die du keine Lust hast, eine Absage, wenn dies sonst auf Kosten deines geistigen oder emotionalen Wohlbefindens gehen würde. Du wirst sehen, wie gut es dir tut, dem nachzugehen, was du eigentlich möchtest.

Deine **KÄMPFE**
machen dich
zu der **PERSON**,
die du **BIST**.

Das Unbehagen ist in der Regel ein notwendiges Druckmittel, das uns dazu bringt, auf eine ungewohnte Weise zu handeln. Zunächst einmal fühlt sich das beängstigend an, weil es fremd ist. Aber die schwierigsten Momente in deinem Leben bilden die Katalysatoren für dein Werden. Durch die Herausforderungen wirst du zu einer Person heranwachsen, die du nie für möglich gehalten hättest. Das »Schlechte« in deinem Leben wird sich als notwendiger Wegbereiter für etwas erweisen, das besser ist, als du es dir je erträumt hast. Du wirst dankbar sein, dass die Dinge nicht so gelaufen sind wie gewollt. Sobald du über den Berg bist, wirst du für die Schwierigkeiten dankbar sein.

Was du **TUN MUSST**, *um deine* **ÄNGSTE** *abzuschütteln*

Kaufe dir ein Notizbuch, das du ausschließlich als Tagebuch für den ganzen Mist in deinem Leben benutzt. Genau das öffnest du immer dann, wenn du dich innerlich aufgewühlt fühlst. Schreibe alles auf, was dir in den Sinn kommt – egal, was für grausame, schreckliche, selbstverdammende, peinliche Gedanken dir kommen, lasse sie raus. Dadurch lösen sich diese Gedanken nämlich auf – und wenn du das erst ein paarmal gemacht hast, wirst du es auch erkennen.